27
n 13302

RECHERCHES BIOGRAPHIQUES

SUR

MALHERBE

ET SUR

SA FAMILLE.

(Extrait du quatrième volume des Mémoires de l'Académie des sciences, agriculture, arts et belles-lettres d'Aix).

A AIX,

De l'Imprimerie de NICOT et AUBIN, rue Pont-Moreau, 21.

1840.

RECHERCHES BIOGRAPHIQUES

SUR

MALHERBE

ET SUR SA FAMILLE.

Par M. Roux - Alpheran.

A AIX,

DE L'IMPRIMERIE DE NICOT ET AUBIN,

Rue Pont-Moreau, N° 21.

M DCCC XL.

SE TROUVE

A AIX, CHEZ L'AUTEUR,

Rue longue St Jean, N° 9.

RECHERCHES BIOGRAPHIQUES

SUR

MALHERBE

ET SUR SA FAMILLE.

Chacun sait que Malherbe, célèbre poëte français, naquit à Caen vers l'an 1555; qu'ayant quitté sa ville natale à l'âge de 18 ou 19 ans, il s'attacha au grand-prieur de France, Henri d'Angoulême, fils naturel du roi Henri II; qu'il suivit ce prince lorsque celui-ci vint en Provence, et qu'il se maria à Aix d'où il alla s'établir à Paris, sur la fin de l'année 1605; qu'il eût plusieurs enfans dont un seul parvint à l'âge mûr et périt misérablement; enfin qu'il mourut en 1628, peu de jours avant la réduction de la Rochelle à l'obéissance de Louis XIII.

Mais ce qu'on ne sait pas, c'est le nom de son père, ni celui de sa mère; quels étaient ses frères, ses sœurs et les autres membres de sa famille; quelles furent son éducation, sa fortune et les particularités de sa vie, avant l'époque où Racan fit sa connaissance. On ignore surtout qu'à l'âge de cinquante ans seulement, il adopta le nom de Malherbe, tel qu'on l'écrit depuis lors, tandis qu'auparavant il l'écrivait et signait Malerbe sans h, ou plutôt Demalerbe en un seul mot. On ignore enfin la date précise de son mariage et celle de sa mort.

Les biographes qui ont parlé de lui, se sont copiés à cet égard, mot à mot, sans rien ajouter à ce qu'a dit Racan, et ce qu'ils en ont rapporté, manque absolument d'exactitude, ainsi que je le ferai remarquer dans le cours de cette Notice.

J'ai publié en 1825, une partie de mon travail sous le titre de Recherches biographiques sur Malherbe, *adressées à MM. les Maire, Adjoints et Membres du Conseil Municipal de la Ville de Caen* (1). Mais ayant fait depuis lors de plus amples recherches sur la vie de cet illustre restaurateur de la langue et de la poésie française, j'ai formé du tout un nouveau travail auquel je conserve le titre du premier, et que je soumets aujourd'hui à l'Académie d'Aix, qui veut bien me compter au nombre de ses membres.

(1) 28 pages in-8° tirées à un très petit nombre d'exemplaires, à Aix, chez Pontier, imprimeur. — Vid. la *Bibliographie de la France*, journal général de l'imprimerie et de la librairie, année 1825, page 421, n° 3472.

J'ai découvert, avec assez de peine, le contrat
de mariage passé entre Malherbe et *Magdélaine
de Carriollis*, d'une noble et ancienne famille de
cette ville, qui a donné un grand nombre de
magistrats aux Cours souveraines de Provence,
et qui s'est divisée en plusieurs branches (1).
Cet acte est à la date du 1ᵉʳ octobre 1581, et
fut reçu par *Abel Hugoleni*, notaire d'Aix,
dont les écritures étaient en 1825, au pouvoir
de feu Mᵉ Perrin, notaire, qui me permit d'en
prendre une copie, et de faire calquer la signature de Malherbe, laquelle fut fidèlement retracée
dans le *fac-simile* joint à ma première édition.
Je la reproduis ici en l'accompagnant du *fac-
simile* de trois autres signatures du même, ainsi
que je le dirai ci-après.

Cette signature est apposée jusqu'à sept fois
sur la minute de ce contrat de mariage (2), où

____

(1) Jusqu'à la fin du 16ᵉ siècle, elle a écrit son nom
Carriollis, qu'on écrit et qu'on prononce *Cariolis*,
depuis que l'usage de la langue française est plus
répandu en Provence ; car les gens du peuple continuent
à prononcer *Carriollis*. La branche à laquelle appartenait la femme de Malherbe, possède depuis 1651, le
marquisat d'*Espinouse* sous le nom duquel elle se dis-
tingue des autres. Elle a fourni sept présidens à mortier
au parlement d'Aix, de père en fils, depuis 1568,
jusqu'en 1786, et réside aujourd'hui à Paris.

(2) Savoir : en marge de la première page pour
approuver la rature de sept mots nuls (*vid.* la note sui-

l'on voit que Malherbe signait son nom précédé de l'article *de*, en un seul mot et sans H : DEMALERBE, ainsi que ce nom se trouve écrit maintes fois dans ce contrat dont voici les premières lignes :

« L'an mil cinq cens huitante ung et le premier
« jour du moys d'octobre après midi saichent tous
« présents et advenir que comme ainsin soyct
« que mariage soyct esté traicté par parolles a
« l'advenir entre Mons.' Françoys de Malerbe
« Escuyer de la ville de Caen en Normandie,
« fils à Mons.' M⁰ Françoys de Malerbe (1) et
« de Damoyselle Loyse de Valloys d'une part

vante); au bas du recto de chacun des 1ᵉʳ, 2ᵉ, 3ᵉ, 4ᵉ et 5ᵉ feuillets et vers le milieu du 6ᵉ où finit l'acte, et où se trouvent aussi les signatures de l'épouse, Magdelaine de Carriollis; d'Anne de Carriollis, sa sœur, veuve de Pierre Margalet sieur de St. Auquille; de Claude Margalet fils d'Anne de Carriollis; de quatre témoins et du notaire, Fol. 389 du registre, et *seq.*

(1) Il y a ici sur la minute : *Conseillier du Roy au Parllement dudict pays.* Ces sept mots sont légèrement effacés par un trait de plume, et il est dit en marge *qu'ils ont été rayés du consentement du sieur de Mâlerbe.*

Qu'ils aient été rayés lors de la signature du contrat ou plus tard, toujours en résulte-t-il, selon moi, que Malherbe s'était fait passer, en arrivant à Aix, pour le fils d'un conseiller au parlement de Normandie, et le notaire avait cru devoir lui donner cette qualité en rédigeant son acte.

« et Damoyselle Magdallene de Carriollis fille
« a M' M' Loys Carriollis Conseillier du roy
« et Président au Parllement du présent pays
« de Provence et à feue Damoyselle Honorade
« d'Escallis d'aultre. Or est-il que personnelle-
« ment constitués en présance de moy Notaire
« royal soubsigné et des tesmoings cy-après
« nommés, etc., etc. »

Ce contrat de mariage fut passé, y est-il dit,
dans la maison *Margalet*, que Malherbe a continué d'habiter depuis, pendant tout le temps
qu'il a demeuré à Aix. Cette maison était située
à la rue *Courteissade* (1), ainsi qu'il est prouvé
par plusieurs quittances de loyer concédées à
Malherbe, notamment en 1603 et 1604, devant
Louis Gazel, Notaire d'Aix (2). Sa signature y

(1) Je vois dans un acte du 3 décembre 1585, que les
Margalet possédaient à la rue *Courteissade*, une maison
attenante à un moulin à huile, lequel d'après ce que
j'ai lu dans les registres des censes que percevait le
Chapitre d'Aix, est le même que celui qui y existe
encore aujourd'hui, sur la gauche en entrant dans cette
rue par celle de *Nazareth*. Du temps de Malherbe, la
rue *Courteissade* dépendait de la paroisse Ste-Magde-
laine, celle de St-Jérôme (vulgairement dite du St.-Esprit
n'ayant été érigée qu'en 1670. Et c'est bien à la Magdelaine que furent baptisés les deux fils de Malherbe
Henri et *Marc-Antoine*.

(2) Ses écritures se trouvent chez Me Pissin, qui me
les a communiquées avec beaucoup de politesse.

est la même qu'au contrat de mariage de 1581, à la seule différence qu'elle a été tracée par une main plus pesante, et qu'elle est précédée des lettres *Fr*, initiales du prénom *François*, mais toujours sans H : FR. DEMALERBE. C'est celle que j'ai fait graver dans la planche ci-jointe, sous numéro 2.

Le P. *Bougerel*, de l'Oratoire, assure dans la vie de *Scipion Dupérier* (1), célèbre Avocat au Parlement d'Aix, mort en 1667, que *François Dupérier*, père de Scipion, et connu par ses liaisons avec Malherbe, avait cautionné la somme que la femme de celui-ci lui avait apportée en dot : j'ignore où le P. Bougerel a puisé ce fait; mais il est certain que François Dupérier n'assista pas même au contrat de mariage de Malherbe dont il fut depuis le meilleur ami (2).

(1) Hommes illustres de Provence, page 127, note. La même Vie a été réimprimée en tête des OEuvres de Scipion Dupérier, 3e édition, en 3 vol. in-4°.

(2) C'est à lui que Malherbe adressa ces belles stances qui commencent ainsi :

Ta douleur, Dupérier, sera donc éternelle ?

Il était petit-fils d'un Conseiller de l'institution du Parlement de Provence. Quelques éditeurs des poésies de Malherbe le nomment *Charles Dupérier*, et disent que le P. Bougerel a écrit sa vie. C'est une double erreur.

Il existe parmi les manuscrits de la bibliothèque publique d'Aix, une *Instruction de Malerbe à son fils*, écrite en cette Ville, au mois
de juillet 1605, et dans laquelle le père, près
de quitter la Provence, donne à son fils le détail
de ses affaires domestiques, après lui avoir fait
connaître les différens personnages de sa famille,
loin de laquelle il est né.

Cette pièce n'est point autographe, il est vrai,
mais tout en atteste l'authenticité : le ton de
vérité qui y règne d'un bout à l'autre ; l'exactitude des citations des actes qui y sont mentionnés, et dont les originaux existent, pour la

L'ami de Malherbe s'appelait *François*, et c'est la vie
de *Scipion* son fils que le père Bougerel a fait imprimer.
Leur postérité mâle s'est éteinte depuis environ 50 ans.
Charles Dupérier, poète latin estimé, mort en 1692,
était le neveu de *François* et le cousin germain de
Scipion. Il était né à Aix le 31 janvier 1622, de *Claude*
Dupérier, Gentilhomme du Duc de Guise, Gouverneur
de Provence, et d'*Anne de Moriès*. D'un autre fils de ce
Claude, sont descendus l'aimable traducteur de Richardet, le feu général *Charles-François Dumouriez*,
son fils, mort en 1823, et un autre *Charles-François*
Dupérier Dumouriez, mort évêque de Bayeux, en 1827.
Voyez les mémoires du Général Dumouriez, ch. 1, où,
par une faute d'impression le mari d'*Anne de Moriès* est
nommé *François* au lieu de *Claude Dupérier*. Leur
contrat de mariage que j'ai sous les yeux, est du 24
octobre 1619.

plupart, dans les écritures de divers notaires d'Aix ; enfin, le témoignage de **M.** *le Marquis de Méjanes*, fondateur de notre Bibliothèque, qui, en admettant cette copie dans ses recueils, nous prouve assez implicitement qu'il la tenait de bonne source (1).

« **Il** y a d'autres que nous », dit Malherbe dans cette instruction que j'accompagnerai ici de quelques notes ; « il y a d'autres que nous qui « portent le nom de *Malerbe* en Normandie ; « mais à la distinction de ceux-là, nous nous « appelons *Malerbe de St.-Agnan.*

« **La** terre de St.-Aguan, à cinq lieues de « Caen, du côté du Bocage, n'est plus à notre « maison, quoiqu'elle s'appelle toujours *St.-* « *Agnan le Malerbe.* Elle fut vendue par un « de nos prédécesseurs pour le voyage de la « Terre-Sainte.

« **Plusieurs** autres terres portent encore le « nom de notre maison, comme *Neuilly le* « *Malerbe* et autres, et toutefois ne sont plus « à nous ; les unes ayant été aumônées aux

(1) Je suis persuadé que M. de Méjanes, mort en 1786, tenait cette copie de M. le président de *Boyer d'Éguilles* (frère du fameux marquis d'*Argens*), mort en 1783, dont les ayeux avaient recueilli les papiers et les livres de Malherbe comme on le verra dans cette Notice ; et si l'original a disparu, c'est pendant la révolution, lors de l'émigration de MM. d'Éguilles.

« Églises, comme *Bleville*, par *Fouques Ma-*
« *lerbe* à l'abbaye de Caen, comme il paraît par
« la fondation ; les autres vendues ; et les autres
« par mariage, passées en mains étrangères,
« comme celle de *Jouy* en Picardie, fut, par
« une fille de notre maison (1), avec plusieurs
« autres, emportée en la maison de *Pellevé*,
« où elle est encore aujourd'hui.

« En la chronique de Normandie, il y a un
« chapitre exprès des Seigneurs, Princes, Che-
« valiers et Barons qui accompagnèrent le Duc
« Guillaume à la conquête d'Angleterre, entre
« lesquels est *La Haye Malerbe*, d'où nous
« sommes sortis, lequel était Baron de La Haye
« en Côtentin ; et parce que l'on pourrait dire
« que ce pourrait être de l'autre race de *Ma-*
« *lerbe* que l'on appelle *Malerbe de la Méauffe* ;
« cela se résout pour nous, parce que le Duc
« Guillaume ayant fait peindre toutes les ar-
« moiries des maisons illustres qui l'avaient suivi
« au voyage d'Angleterre, les nôtres se trou-
« vent en ce nombre, tant en une salle de
« l'abbaye de St.-Étienne de Caen, qui est de sa
« fondation qu'en une de l'abbaye de St-Michel,
« au rivage de la mer, en Basse Normandie.
« Nos armoiries sont d'argent à six roses de

(1) Jeanne de Malherbe, dame de Jouy, aïeule du
fameux Cardinal de *Pellevé*.

« gueules, et des hermines de sable sans nombre.

« . . . .

« Mon père (1) peut aujourd'hui posséder six
« ou sept cents écus de rentes, selon l'estimation
« que je lui en ai ouï faire plusieurs fois, et
« même dernièrement quand je partis de Nor-
« mandie au mois de décembre 1599.

« Mon grand-père était cadet de sa maison.
« Son aîné était Seigneur *de Mondeville*,
« *Merville*, et plusieurs autres terres.

« Ma grand'mère paternelle était de la maison
« *d'Ellebœuf*, où il y avait alors cinq ou six
« terres nobles, desquelles par mauvais ménage,
« il en est à peine demeuré une aux mains de
« l'héritier.

« Ma mère s'appelle *Louise de Vallois*, fille
« de Henri *le Vallois*, Seigneur *d'Ifs*, à demi-
« lieue de Caen, et de demoiselle Catherine *le*
« *Joly*, héritière de plusieurs biens roturiers,
« tant à *Bretteville la pavée* qu'à *Louvigny*.
« De ce Henri de Vallois, sieur d'Ifs et de
« ladite Catherine le Joly, sortirent plusieurs
« enfans, desquels ceux que j'ai vus sont :
« *Louise de Vallois*, ma mère, *Jean le*
« *Vallois*, *Charlotte* et *Marie le Vallois*.

(1) Malherbe ne le désigne pas autrement; mais nous
avons vu, par le contrat de mariage rapporté ci-dessus,
que son père s'appelait *François* comme lui.

« Charlotte et Marie sont toutes deux décédées :
« Charlotte sans enfans et Marie, qui fut mariée
« au sieur de *Maizet*, a laissé un sien fils, marié
« aujourd'hui à une des filles de *Fontaine-*
« *Estoupefour.*

« *Jean de Vallois*, Seigneur *d'Ifs*, leur
« frère et mon oncle, fut marié en première nôces
« avec une sœur du sieur de *Lamberville*,
« maître des requêtes, et depuis, l'une de ses
« héritières.

« De ce mariage était sortie *Marie le Vallois*,
« fille unique, qui mourut un quart d'heure après
« sa mère, l'an 1587, ce me semble.

« Mon oncle se remaria avec demoiselle
« *Jeanne de Maimbeville*, sœur et l'une des
« héritières du sieur de *Comians*. De ce mariage
« sortit une fille qui est aujourd'hui mariée avec
« *François de Malerbe, sieur de Bouillon* (1) *et*
« *d'Escousebœuf* (2), qui est l'aîné de notre mai-
« son. Elle peut avoir aujourd'hui seize ans.
« Son père (3) mourut peu de temps après

(1) Dans l'ancien recueil des lettres de Malherbe, on
en trouve un grand nombre qui sont adressées à son
cousin *de Bouillon Malherbe.*

(2) Peut-être faut-il lire *Escorchebœuf*, nom d'un château de Normandie. Tous ces noms propres sont assez
mal écrits dans la pièce que je copie.

(3) C'est pour cet oncle que Malherbe fit cette épitaphe,

« qu'elle fut née, si bien, qu'elle est demeurée
« seule héritière de ladite terre d'Ifs et des
« biens situés à Bretteville la pavée, qui avaient
« appartenu à ladite Catherine le Joly, sa
« grand'mère et la mienne. Dieu la fasse vivre
« et lui donne des enfans (1) ! Si elle n'en avait
« point, mon cousin de Maizet, sorti de ladite
« Marie le Vallois dont j'ai fait mention, et
« nous, en serions héritiers. S'il n'y a autre
« bien que le noble, nous l'emporterions par-
« dessus mon cousin de Maizet, parce que nous
« sommes sortis de Louise de Vallois, fille
« aînée dudit Henri de Vallois sieur d'Ifs ; et

qu'on lui a reprochée, et qui n'est, sans doute, qu'une
plaisanterie :

> Ici dessous gît Monsieur *d'Is*.
> Or plut à Dieu qu'ils fussent dix !
> Mes trois sœurs, mon père et ma mère ;
> Le grand *Eléazar* mon frère ;
> Mes trois tantes et Monsieur *d'Is*.
> Vous les nommai-je pas tous dix ?

(1) Elle mourut avant Malherbe ; car dans les lettres de celui-ci, on en trouve une sans date, adressée à son cousin de Bouillon à raison de la mort de sa femme qu'il dit avoir été *une des meilleures et des plus aimables femmes du monde* ; et comme Jean de Vallois, seigneur d'Ifs, son père, était mort bien avant elle, il s'ensuit que *Ménage* était mal informé lorsqu'il a dit à l'occasion de l'épitahe ci-dessus que Malherbe était l'héritier de son oncle.

« encore l'emporterais-je au préjudice de mon
« frère, parce que je suis son aîné, et le premier
« de tous les enfans sortis de mesdits père et
« mère.

« Nous avons été neuf enfans : *François*,
« *Jeanne*, *Éléazar* (1), *Pierre*, *Josias*, *Marie*,
« *Jeanne*, *Étienne* et *Louise*. Jeanne la pre-
« mière, Josias et Étienne sont morts en en-
« fance. Pierre mourut à Lisieux, au retour du
« siége de la Fere. Je crois que lors il n'avait
« que dix-sept ou dix-huit ans.

« La seconde Jeanne décéda il y a environ
« huit ou neuf ans, et a laissé plusieurs enfans
« mâles, ayant été mariée avec le sieur *Fau-*
« *connier*, trésorier de France.

« Marie est mariée au sieur de *Reveillon-*
« *Putecoste*, dont elle a des enfans.

« Louise est veuve du sieur de *Colombiers-*
« *Guerville*, et a un fils et une fille. Elle fut
« mariée cependant que j'étais en ce pays-ci, au
« second voyage que j'y ai fait. Le sieur de
« Colombiers son mari décéda de peste en
« l'année 1598, au mois d'août, le même jour
« que j'arrivai à Caen, si bien que je ne l'ai
« point vu.

---

(1) C'est ce frère avec lequel il fut, dit-on, longtemps
en procès. On voit qu'il était le cadet de Malherbe et
non son aîné, quoiqu'en disent les biographes.

« Mon frère est marié avec demoiselle *Marie*
« *Lambert*, dame en partie de la terre d'*Ouville*,
« près Falaise. En faisant son mariage, mon
« père lui donna un état de Conseiller au siège
« Présidial de Caen, qu'il lui avait baillé dès
« l'an 83 ou 84 (1). . . . .
« . . . .

« Pour moi, en l'année 1576, je partis de
« chez nous au mois d'août, et n'y revins qu'au
« mois d'avril 1586, dix ans après. Dans cette
« absence, je n'ai pas eu un liard de la maison.
« Comme j'y fus arrivé audit an 86 au mois
« d'avril (2), ma femme m'y suivit au mois de

(1) Voilà qui doit fixer, ce me semble, les incerti-
tudes sur l'état du père de Malherbe. Les uns le font
Conseiller au Présidial, les autres simplement Assesseur
à Caen.

(2) Ainsi, Malherbe n'était pas en Provence à l'époque
de la mort du Grand-Prieur de France Henri d'Angoulême, arrivée à Aix le 2 juin de la même année 1586.
Il n'est même revenu dans cette ville qu'au mois de mai
1595, comme il le dit plus bas. Il ne s'y était donc pas
fixé dès la mort du Grand-Prieur, ainsi que l'assurent
les biographes, et comme on le croit à Aix, sur ce qu'en
dit *Pitton*, en son *histoire d'Aix*, page 607. C'est
pourquoi je ne crois pas du tout à ce qu'on rapporte du
commandement d'une compagnie qui lui fut donnée au
siège de Martigues, et jusqu'à une preuve positive, on
m'objecterait en vain que

Autrefois à Racan, Malherbe l'a conté.

Il y a plus, ce siège de Martigues me paraît de pure

« juillet ensuivant, et dès le mois de septembre
« nous nous retirâmes au logis de ma cousine
« de Mondeville, vivant du nôtre, sans aucun
« secours de ma maison, que peut-être un
« tonneau de cidre. De-là vint que je fus con-
« traint d'emprunter six cents écus de M. *de*
« *Villars*, trois cents du capitaine *Benoit*, et
« trois cents du sieur *Fauconnier* (1), ...
« de toutes lesquelles sommes il m'a fallu entre-
« tenir avec ma famille, depuis ledit an 86 en
« septembre, jusques en l'an 93 que ma femme
« s'en revint en Provence. Après qu'elle fut
« partie, je me tins toujours séparé, et n'allai
« que fort rarement manger chez mon père.

invention, car il n'en est parlé daus aucune des nombreuses histoires de Provence, imprimées ou manuscrites que j'ai compulsées avec soin. Cependant ce *dra-*
peau noir arboré, dit-on, par le dernier habitant vivant
le seul que la peste aurait épargné, méritait bien, ce me
semble, d'être mentionné par les historiens du pays.
Cette anecdote serait donc un conte fait à plaisir, par
Malherbe, Racan, Tallemant des Réaux ou tout autre.

Les savants abbés *Joly* et *Goujet* ne doutaient pas
que la vie de Malherbe attribuée à Racan, n'eut subi de
nombreuses altérations (*Biblioth. Franç.* tom. xv,
p. 183). La présente notice en donne la preuve en
plusieurs endroits.

(1) Malherbe avait déjà parlé de cet emprunt par lui
fait au sieur Fauconnier, et pour lequel un de ses cou-
sins nommé *Pierre Malerbe de la Pigacière* avait été sa
caution.

« **En** l'an 95 au mois de mai, je m'en revins
« en Provence, d'où je ne fus de retour (1) que
« jusques en 98, au mois d'août.

« **Durant** l'absence de ma femme, ma fille
« *Jourdaine* fut nourrie chez mon père, avec
« *Magdelaine*, fille de ma sœur *de Reveillon*,
« jusques au mois de juin 1599, qu'elles décé-
« dèrent de la peste en même semaine.

« **Audit** an 1599, au mois de décembre, je
« partis de Normandie, et m'en revins en ce pays
« où je suis encore aujourd'hui 1605, ce deu-
« xième de juillet.

« **De** toutes lesquelles choses il se voit le peu
« de dépense que j'ai faite à mon père; et pour
« l'entretien des écoles, je n'ai jamais été qu'un
« seul mois en pension chez les *Philippes* à
« Caen; à Paris, un an avec mon cousin de
« Mondeville le jeune; puis derechef à Caen
« chez *Varion*; un an sous *Lamy* mon précep-
« teur, et après sous *Dinot* (2) environ six ou
« sept mois à Caen, et enfin sous lui-même deux
« ans en Allemagne (3).

(1) En Normandie.

(2) Probablement *Richard Dinoth*, de Coutances,
auteur protestant, mort vers la fin du 16e siècle.

(3) Il n'est nullement question dans ce paragraphe du
professeur *Jean Roussel*, sous lequel on dit que Maherbe
étudia à l'université de Caen.

« Mon frère a été aussi longtemps à **Paris**
« et en plusieurs pensions à Caen. Quand il
« n'a pas été en pension, il a eu un précepteur
« en la maison.

« J'ai discouru tout ceci, afin que si mon
« frère, de bonne foi, ne voulait faire raison à
« mon fils, il ait de quoi se la faire faire.

« Dieu me fera, s'il lui plaît, la grâce de vivre
« pour le délivrer de cette peine, et lui con-
« server ce que la nature lui a donné.

« J'ai ici une déclaration que mon père m'a
« envoyée, par laquelle il me reconnaît, et après
« moi, mon fils *Marc-Antoine* son héritier en
« la moitié de tous ses biens présens et à venir.
« Ladite déclaration est du 24 septembre 1602,
« passée à Caen devant *Horace* et *Forestier* et
« *Nicolas Roque*, tabellion dudit Caen (1).
« Ma femme est *Magdelaine de Carriollis*,
« fille de M. *Louis de Carriollis* (2), Président

---

(1) Ces trois noms sont très mal écrits; c'est pourquoi
j'avais omis ce passage dans ma première édition. Je le
donne dans celle-ci, pour qu'on puisse faire des
recherches à Caen si la fantaisie en prend à quelqu'un,
et on verra par là que le père de Malherbe vivait encore
en 1602, quoique tous les biographes le fassent mourir
près de trente ans plutôt.

(2) Né à Aix, en 1524, il suivit le parti des armes et
perdit une jambe au service du roi, d'où vient qu'on
l'appela depuis *la jambe de bois*. Reçu conseiller au par-

« au Parlement de Provence, et de demoiselle
« *Honorée d'Escallis.*

« Son bien consiste en trois mille écus mis
« sur la communauté de Brignolles, et huit
« cents écus constitués en rente sur la ville de
« Tarascon. . . . .
« . . . .

« Le jeudi 14 décembre 1600, environ onze
« heures du soir, naquit *Marc-Antoine* mon fils,
« et de demoiselle Magdeleine de Carriollis,
« fille du feu sieur Président Carriollis.

« Et le vendredi 15 du même mois, il fut
« tenu sur les fonts (1) par M. Laurent de Car-

lement, en 1554, ensuite président en 1568, il soutint
avec zèle et fermeté les droits d'Henri III et d'Henri IV,
contre les fureurs de la ligue, et se mit à la tête de
cette partie du parlement qui, demeurée fidèle à la cause
du bon Henri, sortit de la ville d'Aix et alla tenir ses
séances à Pertuis, à Manosque et à Sisteron. Les roya-
listes de ces quartiers et son corps lui-même le deman-
dèrent au roi en qualité de premier président; mais
Henri IV lui en préféra un autre, et il se retira à Avignon où il mourut le 9 juin 1600, âgé d'environ 76 ans.

(1) Dans l'Église paroissiale Ste-Magdeleine d'Aix,
comme il résulte du registre de cette paroisse, année
1600. Je disais dans ma première édition que ce Marc-
Antoine était le seul des enfans de Malherbe dont on
trouve l'acte de baptême dans les registres des paroisses
d'Aix. C'est une erreur : car dans celui de la même
paroisse Ste Magdelaine 1585, on lit à la date du 1er août,

« riollis (1) aussi **Président au Parlement de**
« **Provence**, frère de ma femme, qui lui donna les
« noms de *Laurent-Marc-Antoine*. **Madame de**
« *Margalet*, Anne de Carriollis, sœur de ma
« femme, fut sa marraine. Le nom seul de
« *Marc-Antoine* lui est demeuré.

l'acte de baptême de *Henri* de Malerbe, fils de François
et de Magdelaine de Carriollis, sa femme, dont le
parrain fut Henri d'Angoulême, grand-prieur de France
et gouverneur de Provence, etc. Cet *Henri* mourut
enfant et c'est de lui, comme de *Jourdaine*, née et morte
en Normandie, que Malherbe dit dans ses stances à
Dupérier :

De moi, déjà *deux fois* d'une pareille foudre
Je me suis vu perclus , etc.

(1) Il prit une grande part aux premiers troubles
arrivés à Aix en 1630 et 1631, et se jeta dans le parti
du duc d'Orléans, frère de Louis XIII, contre le cardinal
de Richelieu, à raison de quoi il fut condamné à perdre
la tête, ses biens et sa charge confisqués, et sa maison
d'Aix rasée, le 29 octobre 1632. Il se sauva à Barce-
lonne où, quoiqu'il fut vieux et devenu aveugle, il
donnait des leçons de droit pour subsister. Rentré en
France et espérant se réfugier dans le Comtat Vénaissin
pour être plus à portée de sa famille, il fut enlevé sur
la route et conduit à la Tour de Bouc, où il passa misérablement le reste de ses jours, dans le plus affreux
dénûment, supportant son malheur avec le courage d'un
philosophe et la résignation d'un chrétien. (Voyez les
historiens de Provence, de la ville et du parlement
d'Aix.)

« Madame de *la Vérune*, *Jourdaine de*
« *Montmorenci* (1), qui avait été en Normandie
« marraine de ma fille *Jourdaine*, se trouvant
« ici au mois de novembre 1600, pour la récep-
« tion de la reine *Marie de Médicis* (2), vint
« voir ma femme qui pour lors était grosse et
« n'avait plus qu'un mois à s'accoucher. La de-
« moiselle de *Bois-Royer* sa cousine était avec
« elle.

 « Lorsque ma femme s'est accouchée, j'avais
« avec moi un serviteur que j'avais amené de
« Normandie, nommé François *Maxienne*, du
« lieu de *Plissy* (3).

 « Un nommé *Mahent* messager, qui a fait
« plusieurs voyages en ce pays, y a vu mon fils
« Marc-Antoine toutes les fois qu'il y est venu.

 « Il y a un an ou environ que l'un des fils du
« sieur de *Naud-Londel* de Caen, et un nommé
« *la Racinière* marchand de Caen, étant en
« cette ville, me vinrent voir et virent mondit
« fils.

(1) Jourdaine Magdelaine, fille de François II de
Montmorenci, seigneur de Hallot, mariée en 1591 à
Gaspard de Pelet, vicomte de Cabanes, seigneur de La
Vérune, gouverneur de la ville et château de Caen,
lieutenant-général en Normandie.

(2) Le 17 novembre 1600, cette reine fit son entrée à
Aix, où Malherbe lui présenta une de ses plus belles
odes. *Vid. le recueil de ses poésies.*

(3) Peut-être faut-il lire *Plessis.*

« Un peintre nommé *Jean Decayé*, fils d'une
« qu'on appelait Françoise Decayé, tapissière,
« et qui a montré à mes sœurs à coudre en tapis-
« serie, a fait le portrait de mondit fils *Marc-*
« *Antoine*, lequel portrait je porterai à mon
« père (1), Dieu aidant, au voyage que je vais
« y faire. Ledit Decayé fit ce portrait en l'année
« 1605, au mois de juin, durant lequel temps
« il a séjourné en cette ville.

« Un nommé *Jean le Bas*, jeune garçon de
« vingt ans, fils à ce qu'il dit de Gilles le Bas,
« voiturier de Caen à Paris, a aussi vu mon fils,
« étant en cette ville au service de Madame de
« Castellane.

« Un autre jeune homme qui se dit être de
« Caen, nommé *Jean Lucas*, frère d'un nommé
« *Salière*, précepteur d'enfans en l'université
« de Caen, m'est venu servir au commencement
« du présent mois de juillet 1605. Un autre
« ménuisier de Caen, nommé   , qui
« depuis   travaille en cette ville, a
« vu mon fils *Marc-Antoine*, comme aussi
« une infinité d'autres ; ce que j'ai voulu
« écrire ici, parcequ'il arrive quelquefois que

(1) On voit par là que le père de Malherbe vivait
encore en 1605, quoiqu'il soit dit dans toutes les
biographies *qu'il était à la fin de ses jours*, lorsque son
fils partit de Caen, environ trente ans auparavant.

« ceux qui sont nés loin de la maison de leur
« père sont méconnus de leurs parens qui veulent
« s'attribuer la part qui leur doit appartenir. Je
« ne crois pas que mon frère le voulut faire ;
« mais il n'y a point de mal de laisser les choses
« avec plus de lumières que l'on peut, vu que
« le temps n'y met toujours que trop de ténèbres.
« . . . . »

Tels sont les passages les plus importans de cette *Instruction* (1) que Malherbe termine, *en protestant devant Dieu que ce qu'il a écrit est la pure vérité.*

Je crois inutile de la transcrire en entier, le public n'ayant que faire de ce qui est relatif à différens procès soutenus par Malherbe dans l'intérêt de sa femme ; à divers actes qu'il a passés tant en Provence qu'en Normandie, etc. Il ne peut être question ici que de ce qui concerne sa famille, son éducation, sa fortune, son séjour à Aix ou à Caen, etc.

J'ai remarqué plus haut que cette instruction qui renferme souvent des détails bien minutieux, ne fait pas connaître le prénom du père de Malherbe. J'ajoute que la date de son mariage avec Magdelaine de Carriollis ne s'y trouve pas

______

(1) Cette pièce commencée à Aix le 2 juillet 1605, y fut achevée le 29 du même mois.

non plus, quoiqu'il y soit fait mention des deux premiers mariages contractés par cette dame.

En effet, lorsque Malherbe l'épousa en 1581, elle était deux fois veuve : 1° de *Jean Bourdon*, écuyer d'Aix, seigneur de *Bouc* (1), duquel elle eut un fils, dont Malherbe parle dans l'instruction précitée.

2° De *Balthazar Catin*, sieur de *St. Savournin* (2), lieutenant du Sénéchal au siége de Marseille, dont elle n'eut point d'enfans. Aucun de ces deux maris n'a jamais été conseiller au Parlement d'Aix, bien qu'il soit dit dans toutes les biographies que Malherbe avait épousé la veuve d'un conseiller en cette Cour souveraine. C'était probablement une vanterie de Malherbe, en Normandie ou à Paris, tout comme en Provence il s'était donné, en y arrivant, pour le fils d'un conseiller au Parlement de Normandie (3).

(1) Contrat de mariage du 16 février 1573, reçu par Barthelemy Catrebards, notaire d'Aix.

(2) Contrat de mariage, du 16 avril 1577, reçu par le même Barthelemy Catrebards.

Il est surprenant qu'on n'ait remarqué nulle part ce double veuvage. — *Balthazar Catin* était un *petit hamme bossu*, au rapport de César *Nostradamus*, en son histoire de Provence, page 796, où il est parlé de Malherbe, que l'auteur appelle *notre vieil et très singulier ami*.

(3) V. ci-dessus, p. 368, note 1. V. aussi la note 2, p. 378, relative à un prétendu siége de Martigues.

On croit généralement que c'est en qualité de Gentilhomme, que Malherbe était attaché au Grand-Prieur de France, Henri d'Angoulême (1), Gouverneur de Provence, fils naturel de Henri II. Deux actes irrécusables nous apprennent que Malherbe était seulement secrétaire de ce prince.

L'un est une décharge de papiers donnée par un procureur, le 18 novembre 1581 (2), à *Magdeleine de Carriollis, femme de Monsieur François Malerbe Escuyer de Caen et premier Secrétaire de Monseigneur le Grand-Prieur de France, et veufve en première nopces de Capitaine Jehan Bourdon,* etc.

L'autre est un arrêt du Parlement d'Aix, en date du 19 décembre 1590 (3), *donné sur la généralle discussion des biens du feu sieur Grand-Prieur de France.* — François Malerbe y est nommé trois fois comme *Secrétaire du Prince :* dans le nombre des créanciers demandeurs; dans le vu des pièces, et dans le dispositif de l'arrêt.

(1) Ce Prince avec qui vint Malherbe, arriva à Aix, au mois d'août 1577, pour commander en Provence en l'absence du maréchal de Retz. Il n'eut des lettres de Gouverneur qu'au mois de mai 1579.

(2) Devant Abel Hugoleni, notaire d'Aix, déjà cité.

(3) Deuxième registre des arrêts publiés à la Barre, en 1590, 11ᵉ cahier.

Le P. *Papon* nous a conservé, d'après les lettres manuscrites de *Saurin*, deux anecdotes concernant Malherbe, que je crois pouvoir rapporter ici.

« Le Grand-Prieur, dit-il (1), faisait des
« vers sur lesquels Malherbe avait la liberté de
« dire son avis sans crainte de l'offenser. Un
« jour ce Prince voulant l'éprouver en fit qu'il
« donna à apprendre par cœur à Dupérier, avec
« ordre de les réciter après diné, comme s'il
« en était l'auteur. Le Grand - Prieur, après
« les avoir entendus, les loua beaucoup, et
« demanda à Malherbe comment il les trouvait :
« *mauvais*, répondit le poëte, *et c'est vous*
« *Monseigneur, qui les avez faits.* »

« Malherbe, *continue le P. Papon*, épousa
« à Aix, la fille du Président Louis de Coriolis,
« veuve et déjà âgée ; comme ses amis le
« badinaient sur ce mariage (2), il répondit
« *que c'était une licence poëtique.* »

(1) Histoire générale de Provence, in-4°, tome 4, page 255, note.

(2) Voyez page 25, la note 2 relative à Balthazar *Catin*. Au reste, elle ne pouvait pas être bien âgée lorsqu'elle épousa Malherbe en 1581, puisque sa mère dont elle était la troisième fille ne s'était mariée qu'en 1548, et qu'elle ne mourut elle-même qu'en 1630, comme on le verra plus bas. Il est aussi à remarquer qu'elle mit au monde son fils Marc-Antoine en 1600, ce qui n'annonce pas un âge fort avancé à cette époque.

Les principaux amis de Malherbe à Aix, étaient : *François Dupérier* dont j'ai déjà parlé, l'un des beaux esprits de son temps, qui cultivait avec assez de succès la poésie et la numismatique ; *César Nostradamus*, historien de Provence, poëte, peintre et excellent joueur de luth ; *Louis de Gallaup-Chastueil*, auteur de plusieurs pièces de vers qui n'étaient pas sans mérite (1) ; *Jean de la Cépède*, Conseiller au Parlement, ensuite premier Président de la Chambre des Comptes, dont on a quelques poésies sacrées ; *François d'Escallis* (2), *N... de Villeneuve la Garde*, et autres dont les ouvrages sont aujourd'hui oubliés, mais qui formaient à cette époque, une Société de Gens bien nés, aimables et instruits, sur lesquels planait le génie de Malherbe.

Vers la fin de l'année 1605, Malherbe se fixa

(1) Il était très lié avec le président Fauchet, auteur des *Antiquités gauloises et françaises*, et il fut l'un des quatre témoins du mariage de Malherbe. Il était né à Aix le 19 novembre 1554, et y mourut le 5 mai 1598. On sait que le goût des Lettres a été héréditaire dans sa famille pendant plusieurs générations. Le savant Solitaire du Mont-Liban, François de Gallaup, était son fils.

(2) Auteur de *la Lydiade* et de quelques autres poésies imprimées à Tournon, en 1602, in-12. V. *Goujet, Bibliothèque française*, tome XIV, page 24 et 464. Il était né à Aix le 1er mars 1569, et était parent maternel de la femme de Malherbe.

à Paris, où il se lia bientôt avec tout ce que la Ville et la Cour offraient de plus recommandable.

C'est alors seulement qu'il commença de placer une H dans son nom, et de signer indifféremment MALHERBE OU DE MALHERBE, en séparant l'article du nom, tandis que jusques là, il avait constamment signé DEMALERBE, en un seul mot et sans H.

Cette particularité, selon moi très remarquable dans la vie de notre poëte, et cependant ignorée jusqu'à ce jour (1), ne saurait être révoquée en doute.

En effet, on a vu par son contrat de mariage, de l'an 1581, et par une quittance du loyer de son logement, de l'an 1603, que dans l'un et l'autre de ces actes authentiques, il a signé *Demalerbe* sans *h* (2); et l'on trouve dans le volume intitulé *Lettres de Malherbe dédiées à la*

---

(1) Lefebvre de Saint-Marc dit, il est vrai, dans sa table raisonnée des *poésies de Malherbe* (Paris, Barbou, 1757, in-8°) pages 419 et 420, que dans tous les recueils de vers antérieurs à 1615, le nom de ce poëte est écrit *Malerbe* sans *h*; mais il ne fait aucune observation à ce sujet.

(2) Je pourrais au besoin citer d'autres actes également reçus par des notaires d'Aix, dans cet intervalle de vingt-deux ans, qui établiraient cette vérité; mais il m'a paru qu'il suffisait d'en rapporter le premier et le dernier.

Ville de Caen, (1), et adressées à notre savant *Peiresc*, de 1606 à 1628, on trouve, dis-je, que les premières de ces lettres, écrites pendant les années 1606 et 1607, sont signées tantôt *Malherbe* et d'autres fois *de Malherbe*, mais toujours avec une *h*. C'est ainsi qu'il a continué d'écrire et de signer son nom, jusqu'à la fin de ses jours. Quels furent les motifs ou l'occasion de ce changement? Rien ne nous l'apprend et je hasarderai une conjecture à ce sujet avant de terminer cette notice.

Ce que Malherbe a fait depuis cette époque est plus connu, d'après les mémoires de Racan ; mais on paraît ignorer qu'il fit encore plusieurs voyages en Provence où sa femme et son fils avaient continué de résider. Une affaire d'intérêt majeur, dont je vais parler, était faite d'ailleurs pour l'y attirer.

Au mois de juin 1615, Malherbe, alors Gentil-homme ordinaire de la chambre du Roi, présenta un placet à Sa Majesté, tendant à en obtenir en pur don un terrain où il se proposait de faire bâtir des maisons sur les deux côtés du port de Toulon. Le Roi ordonna le renvoi de cette de-

---

(1) Paris, J.-J. Blaise, 1822, in-8°. Le *fac-simile* joint à ce volume donne la signature de Malherbe telle que celle que j'ai fait graver sous n° 3, à la seule diffé-rence qu'elle n'a point de paraphe.

mande aux Trésoriers Généraux de France établis à Aix, auxquels toutefois ce renvoi ne fut fait qu'au mois de juillet 1616, en vertu d'un arrêt du Conseil d'État.

Au mois d'octobre suivant, le Bureau des Finances députa un Commissaire à Toulon pour visiter les lieux, faire mesurer le terrain, en estimer la valeur, etc.

Les Consuls de Toulon, au nom de ladite Ville, s'opposèrent vivement à cette concession; mais les Trésoriers Généraux de France ayant reconnu que le projet de Malherbe tendait *à l'embellissement de la Ville, à l'assurance des murailles de l'enclos y aboutissant, et à la bonification du port d'icelle, d'autant que les vaisseaux s'y pourront loger à couvert des vents,* le Roi, par un brevet signé de sa main, et daté du dernier juin 1617, *voulant gratifier le sieur de Malerbe en considération de ses mérites et des bons et recommandables services qu'il a rendus et rend journellement à Sa Majesté,* lui fit don des places de vingt-deux maisons qui peuvent être bâties, dit le Roi, dans l'enclos de la darsine du port de Toulon, d'un et d'autre côté, à la charge, lorsqu'elles seront bâties, d'une cense annuelle de deux écus par maison, et des droits seigneuriaux, en cas d'aliénation, au profit de Sa Majesté, etc.

Ce brevet fut suivi de lettres patentes du Roi,

adressées aux Cours souveraines de Provence ; où elles furent enregistrées au mois d'avril 1618, malgré les nouvelles oppositions des Consuls de Toulon (1)·

Malherbe a-t-il fait construire lui-même en vertu de cette concession les maisons qui bordent les quais du port de Toulon? On pourrait consulter à cet égard les archives de ladite ville. On verra ci-après qu'il en est encore question dans le testament de Magdelaine de Carriollis sa veuve.

Malherbe se trouvait à Aix, en 1616, à l'époque où le célèbre *Guillaume Duvair*, premier Président du Parlement , fut fait Garde des Sceaux de France. Ils partirent ensemble pour Paris , le 19 avril de la même année (2).

Il était encore à Aix lors de l'entrée du Roi Louis XIII, laquelle eut lieu le 3 novembre

(1) Archives du Parlement d'Aix ; registre des lettres royaux de 1617 à 1621, fol. 596 à 625, où sont transcrites toutes les pièces de cette affaire , au nombre d'une vingtaine. J'observe qu'il n'en est pas une où le nom ne soit écrit *Malerbe* sans *h*, ce qui indique qu'il était écrit de même dans les pièces originales. Il est certain cependant qu'à cette époque , Malherbe plaçait une *h* dans sa signature. Je trouve aussi que le Parlement fit grâce à Malherbe des *épices* dues à raison de cet enregistrement.

(2) Histoire manuscrite du Parlement de Provence, par Pierre Louvet, chap. 22, art. 11.

Autre, par M. d'Hesmivy de Moissac, Conseiller, livre 5 *in fine*.

1622, et il fit pour cette circonstance, des vers plus que médiocres (1), qu'on n'a pas jugés dignes d'être insérés dans le recueil de ses poésies (2).

Ce fut la dernière fois qu'il vînt en Provence. Pendant un séjour de sept ou huit mois qu'il fit à Aix à cette époque, il y éprouva un déplaisir cuisant en la personne de son fils Marc-Antoine, ce fils chéri qu'une mort prématurée lui enleva peu d'années après, lorsqu'il était sur le point d'être reçu conseiller au parlement de cette province. Ce que je vais en dire est extrait de diverses lettres imprimées de Malherbe, dont il est nécessaire de remettre quelques fragments sous les yeux de mes lecteurs.

La première, datée d'Aix le 10 juillet 1622 (3), est adressée à Peiresc, alors à Paris, et lui annonce que Malherbe en était arrivé *depuis tantôt deux mois*. C'était alors l'époque de la Fête-Dieu, dont la célèbre procession, instituée par notre bon roi Réné, attirait à Aix chaque année, comme

---

(1) Jean de Gallaup-Chastueil. Discours sur les arcs triomphaux dressés à Aix, pour l'entrée de Louis XIII, p. 1, 7 et 27.

(2) Ici finit ma première édition; ce qui va suivre est le fruit de mes nouvelles recherches.

(3) Lettres de Malherbe publiées à Paris, chez Blaise, 1822, in-8°. Lettre 207, pag. 498.

on le sait, un nombre considérable d'étrangers.
Malherbe le fils s'y prit apparemment de querelle avec l'un d'eux, suivant ce que son père
rapporte à Peiresc. « Le jour même de la Fête-
« Dieu, il plut à l'avocat-général *Thomassin*,
« faire garder la chambre à mon fils ; ce qui lui
« réussit si bien, par la facilité qu'il trouva en
« M. d'*Oppède* (1), qu'encore aujourd'hui il est
« en prise de corps. Je crois bien que si je
« l'eusse voulu faire représenter, il en serait
« quitte ; mais parce que je me doute qu'ils
« l'eussent obligé à quelque satisfaction à
« la partie, j'ai mieux aimé qu'il soit privé
« quelques jours de la place des Jacobins (2),
« que de le soumettre à cette indignité, etc. »

Dans une autre lettre écrite à *Colomby*, son
cousin (3), Malherbe entre dans plus de détails
qu'il n'avait fait avec Peiresc. « J'étais venu ici
« pour y passer autant de temps que le roi en

(1) Vincent-Anne de Forbin-Maynier, baron d'Oppède,
alors premier président du Parlement d'Aix.

(2) Plus connue à Aix sous le nom de *Place des Prê-
cheurs*, ce qui est la même chose. C'était alors la prin-
cipale promenade de la ville, le *Cours* n'existant pas
encore.

(3) Cette lettre est placée sans date, à la fin du second
livre de toutes les éditions des anciennes lettres de
Malherbe. On voit assez par ce fragment, qu'elle est de
1622.

« mettrait à faire le tour de la Guyenne et du
« Languedoc. Je m'attendais d'y recevoir quelque
« contentement parmi les miens, et ne voyais
« rien qui fut capable de m'en empêcher. Cepen-
« dant deux jours après que j'y fus arrivé, je
« ne sais quel petit fripon d'officier fit une niche
« à mon fils, pour laquelle il a été contraint de
« garder la chambre, et moi privé du conten-
« tement que j'étais venu chercher à ma maison...
« Mes amis me disent que c'est un juif à qui
« j'ai affaire, et que je ne dois pas trouver
« étrange que mon fils soit persécuté par ceux-
« mêmes qui ont crucifié le fils de Dieu, etc.» (1).

Il résulte évidemment de ces deux lettres, que
Malherbe le fils eut une querelle à l'époque de
la Fête-Dieu de cette année 1622; et puisque les
magistrats avaient lancé contre lui un décret de
prise de corps, il paraît, quels que fussent les
torts de son adversaire, que les siens étaient
encore plus grands, d'autant mieux que, de
l'aveu même de son père, on aurait pu l'obliger
à faire quelque satisfaction à la partie. Le père
ne nomme pas, il est vrai, ce *petit fripon d'officier* qui avait fait *une niche* à son fils, mais il le
qualifie de *juif*, ce que je crois suffisant pour

(1) Non-seulement *l'Officier* dont il sera parlé plus
bas, était suspecté d'origine juive, mais encore l'avocat-
général *Thomassin*.

en induire que cet officier est le même que celui
dont je parlerai bientôt. Il serait par trop surprenant que les deux affaires qu'il a eues eussent
été contre deux *officiers* différents, et que ceux-
ci fussent réputés l'un et l'autre d'origine *juive*.

Malherbe était encore à Aix à la fin du mois
de novembre, postérieurement au départ de
Louis XIII (1). Il dût arriver à Paris à la fin
du mois suivant, et il y mena sans doute son fils
Marc-Antoine, toujours par suite de la même
querelle, s'il faut en juger par ce qu'il écrivit de
Paris à *Racan*, deux ans plus tard, c'est-à-
dire le 13 décembre 1624 (2). « Vous obligés
« grandement mon fils de vous souvenir de lui.
« Il y a fort longtemps que je l'ai envoyé en
« Normandie, où il passe son temps, à ce qu'il
« m'écrit, mieux qu'en lieu où il ait jamais été.
« Je l'ai tiré d'ici, pour *la doute* que j'avais que
« ses parties ne lui eussent tendu quelque piége,
« comme certes j'ai découvert qu'ils avaient fait.
« Mais j'eus bon nez, de quoi bien lui prit et à
« moi aussi. J'attends, avec un million de gentils-
« hommes, un pardon général de tous les duels,
« dont le mariage de Madame (3) sera le pré-
« texte, etc. »

(1) Lettres de Malherbe, etc. 1822, in-8° p. 505, n° 212.
(2) Voyez cette lettre dans toutes les éditions des anciennes lettres de Malherbe, livre II.
(3) Henriette-Marie de France, fille d'Henri IV,
mariée en 1625, à Charles Ier roi d'Angleterre.

La querelle dont j'ai parlé, aurait donc été suivie d'un duel ? Il est permis de le supposer. Le pardon général dont on se flattait fut-il accordé ? On peut le croire aussi, puisque Marc-Antoine de Malherbe était de retour à Aix en **1627**.

Au mois de juin de cette année, *Paul de Fortia*, seigneur de *Piles*, gouverneur du Château d'If et des îles de Marseille, vint épouser, à Aix, *Marguerite de Covet*, fille de *Jean-Baptiste de Covet*, baron de *Trets* et de *Marignane*, conseiller et garde des sceaux du Parlement (1). Des fêtes furent sans doute données à cette occasion dans cette ville et dans les terres seigneuriales de la famille de la mariée. L'on peut raisonnablement conjecturer que, dans l'une ou l'autre de ces terres, également éloignées de la ville d'Aix de *quatre lieues*, dans des directions différentes, Malherbe le fils alla derechef provoquer le nouvel époux. Celui-ci était, selon toutes les apparences, ce même officier avec lequel Marc-Antoine avait eu une première affaire en **1622**. Assisté de *Gaspard de Covet*, baron de *Bormes*, son beau-frère, il tua son ennemi : en duel, suivant tous les biographes; au moyen d'un assassinat, selon Malherbe et sa femme, qui ne

____

(1) Contrat de mariage du 5 juin 1627, reçu par Louis Gazel et Jean-Robert Baudoin, notaires à Aix.

cessèrent, jusqu'à leur mort, de qualifier ainsi le meurtre de leur fils.

Le sonnet que Malherbe composa à cette occasion, et qui est imprimé dans toutes les éditions de ses poésies, semble indiquer que Marc-Antoine n'avait pas de second lors de ce duel.

> Mais que de deux marauds la surprise infidèle
> Ait terminé ses jours d'une tragique mort!.. (1) etc.

Toutefois, de Piles n'ayant été condamné définitivement qu'au paiement d'une somme de 800 livres, destinée à une fondation pieuse, ainsi que je le dirai plus bas, ne faut-il pas conclure, malgré les plaintes de Malherbe et de sa femme, dont les cœurs étaient ulcérés par la douleur, que cette dernière affaire ne fut considérée par les juges que comme une rencontre malheureuse et digne d'excuse, qui ne saurait entâcher la mémoire de de Piles et de son beau-frère?

---

(1) Le même sonnet adressé à Dieu que l'auteur espérait, sans doute, engager dans sa querelle, est terminé par ces deux vers :

> Ta justice t'en prie, et les auteurs du crime
> Sont fils de ces bourreaux qui t'ont crucifié.

C'est un reproche de judaïsme que la famille de Fortia était loin de mériter, suivant l'avertissement qui précède les *lettres de Malherbe*, publiées chez Blaise, en 1822, où il est dit qu'elle est d'origine espagnole et alliée aux souverains de cette nation.

Dans une lettre au roi Louis **XIII**, plusieurs fois imprimée, et que *Meusnier de Querlon* a insérée en entier dans son édition des *poésies de Malherbe, rangées par ordre chronologique* (1), Malherbe s'exprime ainsi :

« Mon pauvre fils ayant été tué à *quatre*
« *lieues d'Aix*, y fut apporté, pour selon son
« désir, être inhumé en l'église des Minimes (2),

(1) Paris, Barbou, 1764, in-12, réimprimé en 1776, in-8°. On la trouve aussi dans la collection des classiques français (*Malherbe*, tome 2, p. 140 et suiv.) Malherbe y parle en termes très durs des familles de Covet et de Fortia, et surtout de l'immense fortune de la première, qu'il évalue à près de deux millions, somme énorme en ce temps-là. Au reste, ces deux familles se sont éteintes de nos jours : l'une en la personne de M. Emmanuel-Anne-Louis de Covet, marquis de Marignane et des Iles d'or, etc, premier consul d'Aix, procureur du pays de Provence, en 1768 et 1769, mort en cette ville, en 1802, à peine de retour de l'émigration, n'ayant eu qu'une fille qui l'avait précédé, Marie-Marguerite-Émilie, mariée à Aix le 23 juin 1772, au célèbre tribun Gabriel-Honoré de Riquetti, comte de *Mirabeau*, député d'Aix aux États-Généraux de 1789 ; l'autre en la personne de M. Alphonse-Toussaint-Joseph-André-Marie-Marseille de Fortia, comte de Piles, gouverneur-viguier de Marseille avant la révolution, en survivance du duc de Fortia, son père, etc. mort sous la restauration, ne laissant que des filles.

(2) C'est aujourd'hui l'église des *Dames du S*-*Sacrement*, qu'elles ont fait relever dans un nouveau goût, car celle des minimes avait été abattue en grande partie pendant la révolution.

« qui est au bout de l'un des faubourgs. Le peuple
« ne sçut pas sitôt que le corps était arrivé,
« qu'il y courut en telle abondance, qu'il ne de-
« meura au logis que les malades. Comme il fut
« question de le mettre en terre, ils dirent tous
« que résolument ils le vouloient voir encore
« une fois. Les religieux en firent quelque diffi-
« culté, mais il fallut qu'ils cédassent. La bière
« fut ouverte, le drap décousu, et le peuple
« satisfait de ce qu'il avait désiré. Quelles béné-
« dictions furent alors données au pauvre défunt,
« et quelles imprécations faites contre les meur-
« triers ! C'est chose vue et attestée de trop de
« gens pour m'y arrêter. »

C'est le 15 juillet que ceci eut lieu, les registres mortuaires des **P. P.** Minimes faisant foi
que ce jour-là Marc-Antoine de Malherbe fut
inhumé dans leur église, et c'est l'avant-veille
13 juillet qu'il avait été tué, ainsi qu'il est dit
dans le testament de Magdeleine de Carriollis,
sa mère, dont je parlerai ci-après.

Tallemant des Réaux est le seul auteur qui
soit entré dans quelques détails sur les circonstances de la mort de Malherbe le fils. « Voici,
dit-il (1), » comment ce pauvre garçon fut tué :

(1) *Les historiettes de Tallemant des Réaux*, publiées
par MM. de Monmerqué, de Chateaugiron et Tasche-
reau, Paris, 1834, 6 vol. in-8°. Voyez au premier volume
l'historiette de Malherbe, vers la fin.

« Deux hommes d'Aix ayant querelle prirent
« la campagne ; leurs amis coururent après ; les
« deux partis se rencontrèrent en une hôtel-
« lerie ; chacun parla à l'avantage de son ami.
« Le fils de Malherbe était insolent. Les autres
« ne le purent souffrir, il se jetèrent dessus et
« le tuèrent. Celui qu'on en accusoit s'appeloit
« Piles. Il n'était pas seul sur Malherbe, les
« autres l'aidèrent à le dépêcher. Or, on soup-
« çonnoit celui pour qui Piles étoit, d'être de
« race de juifs ; c'est ce que veut dire Malherbe
« en un sonnet qu'il a fait sur la mort de son
« fils..... »

Quoiqu'il me paraisse difficile d'adopter cette
version, j'ai dû la rapporter ici, d'abord pour ne
rien omettre de ce qui peut conduire à la décou-
verte de la vérité, ensuite pour faire remarquer
ces mots : *le fils de Malherbe étoit insolent.*
Ne semblent-ils pas écrits, en effet, pour jus-
tifier mes conjectures qu'à l'époque de la Fête-
Dieu 1622, Marc-Antoine eut les premiers
torts dans sa querelle avec le petit officier ; et
qu'en 1627, à l'occasion du mariage de de Piles,
il vint de nouveau braver celui-ci, le railler peut-
être sur sa prétendue origine juive, lorsque lui-
même trouva la mort dans cette dispute ?

Dans un avertissement qui précède les lettres
de Malherbe à Peiresc, dont j'ai parlé plus
haut, il est dit que c'est *Ludovic* de Fortia qui

tua Malherbe le fils, et non *Paul* de Fortia, son frère. Ceci me paraît une erreur, car on ne peut pas disconvenir que Malherbe ne dut savoir lequel des deux frères était le meurtrier de son fils, et voici ce qu'il dit formellement dans sa lettre à Louis XIII, ci - dessus citée : « Cauvet, con- « seiller d'Aix, *beau-père de de Piles* et père « de Bormes, qui sont les deux abominables as- « sassins de mon pauvre fils, prêche partout la « vertu de ses pistoles, etc. » Or, il est certain, et l'avertissement en question le reconnaît, que c'est Paul de Fortia, et non Ludovic, son frère, qui épousa Marguerite de Covet.

Quoiqu'il en soit, Malherbe fut inconsolable de cette perte, et ne survécut à son fils que quinze mois, étant mort à Paris, le 16 octobre 1628, ainsi que cette date est constatée dans le testament ci-après relaté de Magdelaine de Car-riollis, sa veuve.

Malherbe institua pour son héritier *Vincent de Boyer*, petit-neveu de sa femme (1) ce qui

---

(1) Vincent de Boyer était fils de *Jean-Baptiste*, con-seiller au Parlement d'Aix, mort doyen en 1648, inhumé le 3 octobre dans l'église des Minimes et dans la tombe de Marc-Antoine de Malherbe laquelle a servi depuis à la sépulture de la plupart de ses descendants; et Jean-Baptiste était fils d'un autre *Vincent de Boyer* aussi con-seiller au Parlement d'Aix, mort en 1586, lequel avait épousé *Marie de Carriollis*, sœur de la dame de Malherbe.

est encore dit dans le testament solennel de
celle-ci, portant la date du premier août 1629, et
déposé le lendemain, en présence de témoins (1),
à Joseph Aymar, notaire d'Aix. Je pense
qu'on ne sera pas fâché d'en connaître les prin-
cipales dispositions : «............ Eslisant sépul-
« ture à mon corps dans l'église des pères Mi-
« nimes de ceste ville et en la tumbe estant
« dans la chapelle que j'ay faict faire dans
« icelle (2) et dans laquelle a esté ensevely le
« sieur Marc-Anthoine de Malherbe mon fils
« où je veux mondit corps estre porté accom-
« pagné tant sulement des pères religieux dudit
« couvent portant la saincte-croix et par treze
« pauvres portant chascun d'eux un flambeau
« de cire blanche *poisant* deux livres pièce. Je
« légue audit couvent des pères Minimes la
« somme de douze cents livres pour fondation
« d'une messe que dès à présent j'ordonne estre
« dicte perpétuellement par lesdits pères tous les
« jours à l'autel de la chapelle que j'ay faict faire

(1) L'un de ces témoins est le célèbre jurisconsulte
Charles-Annibal Fabrot, né à Aix, le 15 septembre
1580, sur la vie duquel notre aimable confrère, M. Ch.
Giraud, avocat et professeur en droit, a publié en 1833,
une de ses plus intéressantes productions, pleine d'éru-
dition et de recherches.

(2) Cette chapelle était la première à gauche en
entrant, près du portail.

« en icelle pour faire prier Dieu pour les âmes
« des feus sieurs Françoys et Marc - Anthoine
« de Malherbe mes mary et fils et de la mienne
« après qu'il plairra à Dieu m'appeler de ce
« monde en l'autre..... Je lègue à M. Me *Jean-*
« *Baptiste de Bouyer* (1) conseiller du roy en
« la cour de parlement de Prouvence mon
« nepveu la somme de trois mille livres que le
« feu sieur François de Malherbe mon mary
« avoit léguées au sieur *André Astruc* à prandre
« sur les amandes à luy adjugées à cause de
« l'assassinat commis en la personne de feu sieur
« Marc-Anthoine de Malherbe mon fils et
« encore je lègue audit sieur mon nepveu tous
« les droicts que je pourrois prétandre pour
« raison du don faict par sa majesté en faveur
« dudit feu sieur de Malherbe, mon mary, des
« places de maisons en la ville de Toulon (2)....
« Comme aussy je veux et entends que la cha-
« pelle et tumbe que j'ay faict faire en l'église
« des P. Minimes soyt et appartienne audit sieur
« de Bouyer mon nepveu moyennant lesquelles
« choses cy-dessus léguées audit sieur de Bouyer
« je veux et entends que iceluy en qualité de

(1) Le nom de *Boyer* est écrit dans ce testament comme
on l'écrivait alors, *Bouyer*, et tel qu'on le prononce
encore aujourd'hui dans la langue provençale.

(2) Voyez ci-dessus, p. 44 et suivantes.

« père et légitime administrateur de la per-
« sonne et biens de VINCENT DE BOUYER SON
« FILS , HÉRITIER DUDIT FEU SIEUR FRANÇOYS
« DE MALHERBE (1) mon mary ne puisse en
« rien prétandre sur le léguat que j'entends
« faire des meubles et autres choses en faveur
« dudit sieur Astruc..... Priant en tant que faire
« je puis ledit sieur de Bouyer mon nepveu
« ne vouloyr désister à poursuivre conjointement
« avec mes héritiers après nommés l'assassinat
« commis en la personne de mon fils....... Je
« légue audit sieur Astruc advocat en la cour

(1) Jusqu'à présent on ne connaissait des dernières dispositions de Malherbe que celle par laquelle il léguait la moitié de ses livres à *François d'Arbaud de Porchères,* cousin de sa femme, qui le soigna dans la maladie dont il mourut. Ce poëte provençal, natif de St-Maximin , appartenait à une branche éteinte de la noble famille d'Arbaud qui, depuis plusieurs siècles , a donné à la ville d'Aix, une longue suite de magistrats dans les diverses cours souveraines du pays, des guerriers intrépides et des littérateurs distingués. Ceux d'entr'eux qui ont vécu de nos jours ou qui vivent encore, sont trop connus pour qu'il soit besoin de les nommer. D'Arbaud de Porchères fut l'un des disciples les plus chéris de Malherbe qui le chargea en mourant, du soin de faire imprimer ses œuvres, *tant en prose qu'en poésie.* (Voyez le privilége donné à la Rochelle, le 9 novembre 1628, et qui se trouve dans les éditions in-4ᵛ de 1630 et 1631, à Paris chez Chapelain.) Il fut depuis l'un des premiers membres de l'Académie française, et mourut en 1640.

« trois mille livres à prandre sur la part et
« portion des amandes qui m'ont esté et seront
« adjugées contre les murtriers et assassina-
« teurs de mon fils et c'est à cause du léguat
« de trois mille livres audit sieur Astruc faict
« par M. de Malherbe mon mary et là où
« ledit sieur Astruc descedat avant qu'il eust
« rapporté arrest deffinitif pour raison du mur-
« tre et assassinat dudit sieur de Malherbe
« mon fils audit cas je veux et ordonne
« que M. *Paul Joannis de Chasteauneuf* (1),
« advocat en la cour mon nepveu, succede
« au droict lieu et place dudit sieur Astruc
« et qu'il conserve la poursuite et adjudication
« dudit procès tant en considération de l'af-
« fection que je porte à mondit nepveu que

(1) Fils d'Arnoux de Joannis, seigneur de Châteauneuf,
conseiller au Parlement d'Aix, et de *Charlotte de Car-*
riollis, la plus jeune des quatre sœurs de la testatrice.
Charlotte n'était pas du même lit que ses sœurs, les
dames de Margalet, de Boyer et de Malherbe, non plus
que de *Lucrèce de Carriollis*, femme de Balthazard de
Périer, aussi conseiller au Parlement d'Aix, laquelle
était encore d'un autre lit que les précédentes; car la
Jambe de bois beau-père de Malherbe, avait eu jusqu'à
quatre femmes. Cette famille de *Périer* qui subsiste à
Aix, et qui a fourni six conseillers au Parlement, de père
en fils, jusqu'à la révolution, n'a rien de commun avec
celle de *Dupérier* dont j'ai parlé plus haut. (Voyez
page 8, note 2.)

« pour la confiance que j'ay en luy qu'il ne
« laisserait point impuny le susdit assassinat.
« Item, je veux et ordonne que chascun jour des
« decès desdits sieurs de Malherbe mon mary
« et fils qui sont les *trèze juillet* et *sèze octobre*,
« ensemble le jour de mon decès soit *sélébré*
« aux frais de mes héritiers, en leur présance et
« durant leur vie une haute messe ou *cantar*
« avec les ornemens nécessaires et deux flam-
« beaux alumés. Et en tous et chascuns mes
« autres biens droicts noms et actions j'ay
« faict institué et nommé mes héritiers universels
« seuls et pour le tout sçavoyr est *Jean-Honoré*
« *Bourdon* sieur de *Bouc* mon fils et ledit
« sieur *André Astruc* advocat en la Cour
« pour de tous mes biens et héritage et tout ce
« que dessus en estre par eux faict à leur plaisir
« et volonté pour la moitié chascun (1)...........
« Laquelle institution d'héritier concernant ledit
« sieur Astruc j'ay faicte tant en considération

(1) Il paraît par un acte du 12 juillet 1630, passé au greffe de la sénéchaussée d'Aix, qui siégeait alors à Trets, que Jean-Honoré de Bourdon, sieur de Bouc, se prétendant seul héritier de sa mère, se pourvut en cassation de ce testament, mais seulement en ce qui touchait l'institution d'André Astruc. J'ai cru bien inutile de rechercher quelle fut l'issue de ce procès, et je n'ai pu me procurer le moindre renseignement sur ledit Astruc, n'y ayant jamais eu dans Aix aucune famille de ce nom.

« de l'amitié qu'il avoyt de tout temps porté audit
« feu sieur Marc-Anthoine de Malherbe mon
« fils que pour plusieurs et infinis tesmoignagnes
« d'amour et d'affections et bons offices qu'il a
« toujours faict tant à moi qu'à mon fils n'ayant
« jamais espargné sa personne aux occasions qui
« se sont présantées...... estant marrie n'avoyr
« de quoy le mieux recognoistre. Déclarant en
« oultre que ma volonté est tele qu'iceluy sieur
« Astruc héritier si tele est sa volonté puisse
« le jour de son descès estre ensevely en la
« tumbe de la chapelle que j'ay faict faire en
« l'église des pères Minimes nonobstant le don
« par moi faict au sieur conseiller de Bouyer, etc.

La dame de Malherbe mourut dans les premiers jours du mois de juin 1630, pendant que la ville d'Aix était affligée de la peste. Les Cours souveraines en étaient sorties depuis le mois d'octobre précédent et n'y rentrèrent qu'au mois de septembre de cette année 1630. J'ignore si Magdelaine de Carriollis y était restée et si elle y est morte (peut-être de la peste), ou si elle s'était retirée dans quelque autre lieu; mais il est certain que son testament fut présenté le 12 juin au lieutenant-général de la sénéchaussée d'Aix, siégeant à Trets, lequel en fit faire la lecture et la publication en sa présence (1).

(1) Registre de la sénéchaussée d'Aix, où se trouvent tous les actes de cette juridiction, passés à Trets, pen-

» **Les poursuites** qu'elle et son mari avaient ordonnées à raison du meurtre de leur fils, furent continuées, « et, par arrêt du parlement
« de Toulouse, en date du 29 avril 1632, le sieur
« de Fortia de Piles fut condamné au payement
« d'une somme de huit cents livres pour faire
« prier Dieu pour le repos de l'âme de Marc-
« Antoine de Malherbe, fils de la dame de
« Carriollis, à cause de l'assassinat commis en
« la personne dudit Marc-Antoine, ladite somme
« applicable à l'église où son corps avait été ense-
« veli.

« **Les P. P. Minimes d'Aix** ayant eu connais-
« sance de cet arrêt, produisirent l'extrait mor-
« tuaire du sieur de Malherbe, constatant que
« son corps reposait dans leur église, et sur cette
« production, ils furent mis en possession de
« ladite somme de huit cents livres, par un
« second arrêt du même parlement de Toulouse,
« daté du 6 janvier 1633 (1). »

dant la peste, depuis le 6 novembre 1629 jusqu'à la fin d'août 1630, et dont je dois la communication à l'amitié de M. Vallier greffier audiencier à la Cour royale d'Aix.

(1) Ces renseignements tirés du Mémoire des *Annales des minimes d'Aix*, fol. 63 et 64, m'ont été fournis par M. Paul Ricard, archiviste de la préfecture des Bouches-du-Rhône à Marseille (où sont déposés actuellement les registres des anciens corps religieux), avec cette obligeance qu'il m'a témoignée en plusieurs circonstances

Encore quelques mots sur Marc-Antoine de Malherbe, dût-on m'appliquer ces vers de Boileau:

Un auteur, quelquefois trop plein de son objet,
Jamais, sans l'épuiser, n'abandonne un sujet.....

Il était né à Aix le 14 décembre 1600. Son père nous l'a appris dans l'*instruction* que j'ai rapportée (1), et si l'on me niait l'authenticité de cette pièce, le registre de la paroisse Sainte-Magdelaine serait là pour constater cette date. Cependant son père écrivant à Peiresc, le deux octobre 1606 (2), au sujet de sa généalogie, pour laquelle il le priait de s'adresser en Angleterre au célèbre Camden, ajoute cette phrase: « Marc-« Antoine vous servira comme y ayant la prin-« cipale obligation, ou pour le moins ayant, « s'il plaît à Dieu, à en jouir plus longtemps. » Un enfant de six ans, me dira-t-on, ne pouvait aider ni Peiresc ni Camden dans cette recherche. Non, sans doute; mais l'intérêt qu'inspirait son jeune âge ne pouvait manquer de les y engager,

et dont je le prie d'agréer mes remerciments. Au surplus cette analyse faite par l'auteur de ce registre, ne rend peut-être pas bien fidèlement les termes des arrêts qu'il mentionne, et il faudrait voir ces arrêts pour connaître toute la pensée du Parlement de Toulouse, sur la mort de Malherbe le fils.

(1) Voyez ci-dessus, page 20.

(2) Lettres de Malherbe, Blaise, 1822, pag. 4 et 5.

et c'est dans ce sens qu'il faut expliquer cette phrase de Malherbe.

Dans une autre lettre à **M. *de Mentin* (1)**, datée dans la plupart des éditions de Malherbe, du 14 octobre 1616, ce dernier lui dit : « Il y aura « bientôt trois ans que vous vous employâtes à « me faire avoir pour mon fils un office de con- « seiller au parlement de Provence. Le traité « qui s'en fit alors fut interrompu par une « brouillerie qui lui survint (2). Il est aujour- « d'hui question de le renouer, et, s'il est pos- » sible, de le conduire à sa perfection, etc. » A seize ans, me dira-t-on encore, on ne pouvait être reçu conseiller; j'en conviens aussi, mais non pas de la date de cette lettre qui est évidemment fausse. Dans quelques éditions, elle n'en a pas d'autre que celle du 15 octobre, sans indication d'année, et ceux des éditeurs qui y ont mis la date de 1616 auraient dû lui

---

(1) Je crois qu'il faut lire *Mantin*, nom d'un personnage considérable de la ville d'Aix, vivant à cette époque; *Théodore de Mantin*, l'un des plus grands hommes de mer qui soient nés en Provence, créé vice-amiral des mers du levant en 1620. Étienne de Mantin, son père, chevalier de l'ordre du Roi, était premier consul d'Aix en 1563-64, et mourut en cette ville en 1578.

(2) Sans doute cette querelle arrivée en 1622, dont j'ai rendu compte, à la suite de laquelle Malherbe envoya son fils en Normandie.

donner celle de 1626, époque à laquelle Malherbe fils était en âge d'entrer dans la magistrature. Ils auraient dû faire attention que le père parle, dans cette lettre, de *l'incomparable cardinal (Richelieu); de la paix qu'il a faite avec l'Espagnol; de sa dépense pour rebâtir la Sorbonne de fond en comble;* enfin *du séjour qu'il avait fait à Avignon.* Or, Richelieu ne s'était retiré à Avignon qu'en 1617, après la mort du maréchal d'Ancre; il ne fut cardinal qu'en 1622 et principal ministre qu'en 1624; la paix conclue à *Mouçon,* à raison des affaires de la Valtetine, n'eut lieu qu'en 1626; et c'est en cette année là seulement qu'il commença à rebâtir la Sorbonne (1).

L'abbé Goujet rapporte (2) que ce malheureux Marc-Antoine de Malherbe avait du talent pour la poésie et avait laissé *quelques vers où il y a plus de feu, mais moins de correction que dans ceux de son père.* C'est ainsi que le père Bougerel en avait parlé à l'abbé Goujet, après avoir vu quelques-unes de ces pièces (3). Elles exis-

(1) Griffet, histoire du règne de Louis XIII, et les divers historiens du cardinal de Richelieu.

(2) Bibliothèque française, tome XV, page 179.

(3) Vie de Malherbe par Meusnier de Querlon, pages XVI et XVII, en tête des *Poésies de Malherbe,* Paris, Barbou, 1764, in-12.

taient donc encore de leur temps, et sans doute chez MM. de Boyer d'Éguilles, à Aix, patrie du père Bougerel. Mais elles ont dû disparaître pendant la révolution, comme ont fait la bibliothèque de ces messieurs et les livres de Malherbe dont je vais parler. Dès lors, où peut-on espérer de les retrouver ?

On a vu plus haut que Vincent de Boyer, seigneur d'Éguilles (1) et conseiller au parlement d'Aix, fut l'héritier du poète Malherbe. Les papiers et les livres de celui-ci furent par lui recueillis et sont demeurés dans sa famille jusqu'à la révolution, époque à laquelle ils ont été dispersés par suite de l'émigration de messieurs d'Eguilles. Quoiqu'ils aient sans doute péri en grande partie dans les mains des vandales qui les ont pillés, on rencontre parfois à Aix quelques-uns de ces livres qui ont appartenu à Malherbe. En voici plusieurs exemples :

M. le marquis de Sinéty en possède un (2) sur le frontispice duquel Malherbe a écrit de sa main, au haut de la page : *Emit filio suo M. Antonio*

____

(1) Village d'environ 2500 âmes de population, à une lieue et demie d'Aix, nommé dans les anciens titres *Castrum de Arquillâ*, et en provençal *Aguilho*, dont on a fait en français *Aguilles*, puis *Aiguilles* et finalement *Eguilles*.

(2) Traictez des droicts et libertez de l'église gallicane. Paris, chez Olivier de Varennes, 1609, in-4°.

Fr. Malherbe, *parisiis* 1619, et au bas de la même page : *Delectare in domino et dabit tibi petitiones cordi tui* (1); après quoi il a apposé sa signature. On la verra gravée, sous le n° 3, dans la planche jointe à cette notice. Sur le revers de ce frontispice se trouve collé un grand écusson gravé, de forme carrée, d'environ 115 millimètres de hauteur, sur 100 de largeur, offrant les armes de Malherbe, mais avec un autre blason que celui par lui indiqué dans l'in-struction à son fils (2), savoir : d'*azur* à six roses d'*argent*, posées 3, 2 et 1, et des hermines de sable, ce qui provient sans doute de l'ignorance ou du caprice du graveur.

J'ai dans ma bibliothèque un autre de ces livres (3), au-dessous du frontispice duquel il

(1) *Psalm.* 36, *vers.* 4.

(2) Voyez ci-dessus, pages 11 et 12.

(3) *De asse et partibus ejus libri quinque Guillelmi Budei parisiensis secretarii regii. In ædibus ascensianis (pridie nonas janua. anno ad calculum romanum* MDXXIIII*)* in-fol. Dans l'espace qui se trouve entre ce titre et la vignette représentant l'intérieur de l'atelier de *josse Badius* (*prelum ascensianum*) une main autre que celle de Malherbe a écrit : *Malherbe* 1619. Est-ce la signature de Malherbe le fils ? c'est possible : mais je n'en suis pas certain. C'est pourquoi je ne la fais pas graver. Cet exemplaire est très bien conservé. Le dos en était un peu endommagé ; je l'ai fait restaurer en y faisant in-scrire au-dessous du titre : *Ex bibliothecâ Fr. de Malherbe.*

a écrit de sa main : *Emptum parisiis*, 1619, et il a signé *Fr. Malherbe*, sans paraphe. Sur le plat des deux couvertures de ce volume, sont incrustées, en dorure, les armes de Malherbe, dans un écusson ovale d'environ 45 millimètres de hauteur, sur 35 de largeur.

M. Rouard, bibliothécaire de cette ville et notre honorable confrère, possède dans sa bibliothèque particulière un autre volume (1), acheté par Malherbe, postérieurement sans doute, aux deux précédents et bien plus curieux que ceux-ci, en ce que la signature du poète s'y trouve au revers du frontispice, sur deux lignes : *Malberbe de St.-Agnen*, telle qu'elle est gravée sous n° 4, dans la planche ci-jointe. Au-dessous de cette signature est collé un petit écusson gravé, de 43 millimètres de hauteur, sur 35 de largeur, portant encore six roses posées 3, 2 et 1, et entourées d'hermines, dans un champ d'*argent*. Au-dessus du casque qui surmonte l'écu et dont la visière est tournée à gauche, comme dans les écussons des deux autres volumes que je viens de citer, on aperçoit dans celui-ci, en cimier, un *lion léopardé*. C'est une pièce d'honneur ajoutée par Malherbe à ses

(1) Les œuvres de maistre Alain Chartier, clerc, notaire et secrétaire des Rois Charles VI et VII, etc., publiées par André Duchesne. Paris, 1617, in-4°.

armes, et qui fait partie de celles d'une autre famille de *Malherbe*, en Normandie (1).

Enfin, j'ai vu passer dernièrement, chez M. Sardat, libraire, un traité de *Jean Cochlée* (2) qui avait appartenu à Malherbe, dont l'écusson se voit encore au revers du frontispice ; ce que je rapporte, pour donner une idée de la nature des livres qui composaient sa bibliothèque ou qu'il achetait pour son fils (3).

Vincent de Boyer se mariant en **1644**, avec Magdelaine de Forbin - Maynier d'Oppéde, ajouta à son nom celui de Malherbe, dont il avait été l'héritier, ainsi qu'on peut le voir dans les actes de son mariage (4). C'était une condition que Malherbe lui avait imposée, son testament portant expressément que, *pendant*

(1) Voyez l'armoirial de Dubuisson, Paris, 1757, 2 v. in-12 ; tome 2, pag. et pl. 6, n° 78.

(2) *Contra quosdam rebelles hujus temporis. Maguntiæ,* 1550, *in fol.*

(3) Si les livres de MM. d'Éguilles n'avaient pas été pillés, dispersés ou détruits pendant la révolution, je publierais ici bien volontiers le catalogue de ceux qui provenaient de Malherbe et je pense que les curieux l'auraient lu avec plaisir.

(4) Contrat du 10 avril 1644, reçu par Boniface Borrilli et Philippe Beaufort, notaires à Aix ; et acte d'épousailles, du 19 avril, paroisse St-Sauveur de la même ville.

trois générations, les *Boyer* prendraient le nom de *Malherbe* (1).

Il est à remarquer qu'une sœur aînée de la femme de Vincent de Boyer-Malherbe, Claire-Françoise de Forbin-Maynier d'Oppède, avait épousé en 1638 (2), ce même Gaspard de Covet, baron de Bormes, depuis conseiller garde-des-sceaux au parlement d'Aix, que Malherbe accusait de complicité du meurtre de son fils Marc-Antoine. Apparemment les deux familles s'étaient réconciliées. Il est encore à remarquer que vers la même époque, le baron de Bormes et le baron de Marignane, son frère aîné (3), fondèrent deux couvents de P. P. Minimes, l'un à Bormes, l'autre à Marignane (4). Serait-en

(1) Ce fait m'a été attesté dernièrement par M. le marquis de Boyer d'Éguilles qui en a entendu parler bien souvent à feus MM. les présidents d'Éguilles, ses père et aïeul. Je regrète infiniment de ne pouvoir rapporter l'acte des dernières volontés de Malherbe qui contenait sans doute, l'expression énergique de ses sentiments contre les meurtriers de son fils, ainsi que sa veuve a exprimé les siens dans son testament.

(2) Épousailles en date du 22 juillet, même paroisse St-Sauveur à Aix. Gaspard de Covet mourut sans enfants et fut enterré en 1668, aux Minimes de Bormes.

(3) Henri de Covet, baron de Marignane, premier consul d'Aix, en 1641-42. Sa terre fut érigée en marquisat en 1645 seulement.

(4) Dictionnaire géographique de la Provence, par

expiation de la mort de Marc-Antoine de Malherbe, lequel avait une très - grande dévotion pour ces religieux? Je l'ignore et je me borne à signaler le fait. Vincent de Boyer mourut en 1659 et fut enterré comme son père aux Minimes d'Aix, dans le même tombeau de leur cousin Marc-Antoine de Malherbe (1).

Achard, aux mots *Bormes*, tome 1, page 350, et *Marignane*, tome 2, page 26.

(1) Vincent fut père de *Jean-Baptiste de Boyer*, seigneur d'Aguilles ou d'Éguilles, aussi conseiller au Parlement d'Aix, né en cette ville le 21 décembre 1645, mort le 4 octobre 1709, et enterré dans le tombeau de ses pères et de Marc-Antoine de Malherbe, aux Minimes d'Aix. On peut lire son article dans la *Biographie universelle de Michaud*, tom. V, page 425-26. Amateur distingué des beaux-arts, et possesseur d'un des plus riches cabinets qui aient jamais existé à Aix, et où se trouvaient des originaux de Raphaël, d'André del Sarto, du Titien, de Michel-Ange Caravage, de Paul Veronèse, du Corrège, du Carrache, du Tintoret, du Guide, de Poussin, de Bourdon, de Lesueur, de Puget, de Rubens, de Vandick, etc. Il dessinait et peignait agréablement. Il avait même gravé plusieurs tableaux de sa galerie qu'on trouve dans la première édition de ses estampes publiées en 1709, par *Coelmans* et par *Barras*, et qu'on regrète de ne plus voir dans la seconde édition donnée par *Mariette*, à Paris, 1744, in-fol. Jean-Baptiste est l'aïeul du célèbre *marquis d'Argens*, aussi nommé Jean-Baptiste de Boyer né à Aix le 24 juin 1704, chambellan du grand *Frédéric*, roi de Prusse, qui lui fit élever dans l'église des Minimes

Il est temps de revenir au poète Malherbe.
On sait qu'il était singulièrement infatué de sa
noblesse, qu'il faisait remonter à l'époque de
la conquête de l'Angleterre par les Normands.
Il avouait cependant que *depuis deux cents ans,
sa famille étoit en si mauvais termes, qu'elle
ne sçauroit être pis, si elle n'étoit ruinée en-
tièrement.* Ce sont les propres expressions dont
il se sert dans sa lettre à Louis XIII, que j'ai
déjà citée. Mais en se rappelant : 1° que pendant
les cinquante premières années de sa vie, il a
signé *Malerbe*, sans *h*, ainsi que je l'ai prouvé
par son contrat de mariage du premier octobre 1581, Abel Hugoleni, notaire à Aix, et
par un acte de quittance du 6 octobre 1605,
Louis Gazel, notaire de la même ville (vingt-
deux ans après [son mariage) ; 2° que c'est seulement lorsqu'il s'est fixé à Paris à la fin de 1605,
ou au commencement de 1606, qu'il a changé
son nom en celui de *Malherbe*, avec une *h*; 3° que
sur la fin de ses jours, il essayait d'adopter le
nom de *Malherbe de Saint-Agnen* et d'intro-
duire un *lion léopardé*, en pièce d'honneur, dans
ses armoiries ; ne peut-on pas soupçonner que

d'Aix, à sa mort arrivée en 1771, un mausolée en mar-
bre, dont on peut voir la description dans *Millin* (voyage
dans les départements du midi de la France, tome 2,
page 249 et suiv.). Ce monument se trouve aujourd'hui
au musée de la ville.

cette fantaisie tardive de s'affilier à la maison de Malherbe Saint-Agnen, ou plutôt de *Saint-Agnan*, lui a été suggérée par la vanité seule, et qu'il n'appartenait pas véritablement à cette maison ? Je laisse cette question à résoudre aux personnes qui, bien mieux que moi, sont à portée de connaître les anciennes familles de la Normandie. Elle serait d'ailleurs très-indifférente à la généralité de mes lecteurs, et je me hâte de leur offrir une *lettre inédite de Malherbe* sur la mort de son fils. Je l'ai tirée du tome 3, pages 931 et 932, d'un recueil manuscrit fort curieux du dix-septième siècle, conservé à **Aix**, dans la riche bibliothèque de **M.** le marquis d'Albertas, qui a bien voulu me le communiquer. On ne voit pas à qui cette lettre est adressée, la suscription ne s'y trouvant pas ; mais je suis porté à croire qu'elle fut écrite à **Jean de Gallaup-Chastueil** (1), avocat-général à la Cour des comptes, ou à **Scipion Dupérier** (2), avocat au

(1) Jean de Gallaup-Chastueil, né à Aix en 1587, mort le 22 août 1646, était frère du pieux solitaire du Mont-Liban, et fils de Louis de Gallaup-Chastueil, ami de Malherbe et l'un des témoins de son contrat de mariage. (Voyez ci-dessus p. 28, note 1 ; et p. 33, note 1.)

(2) Scipion Dupérier, né à Aix le 6 mars 1588, mort au mois de juillet 1667, était fils de François Dupérier, autre ami de Malherbe. (V. ci-dessus, p. 8 not. 1 et 2.)

Parlement, l'un et l'autre hommes de lettres, ayant conservé avec Malherbe les relations que leurs pères avaient eues, de leur vivant, avec ce grand poète.

Quoiqu'il en soit, je ne pense pas que l'authenticité de cette lettre puisse être contestée, attendu la gravité du caractère de l'auteur du précieux manuscrit d'où je l'ai copiée (1). Je conserve l'orthographe de ce manuscrit, mais je n'affirme pas qu'elle soit exactement conforme à celle de Malherbe.

C'est par là que je terminerai cette notice.

---

(1) Antoine de Félix, de Marseille, assesseur de ladite ville en 1639-40, puis premier consul en 1653-54, joua un grand rôle dans les troubles qui eurent lieu sur la fin du règne de Louis XIII, et dans les premières années de celui de Louis XIV. Il entra depuis dans les ordres sacrés et mourut en 1675, âgé d'environ 75 ans. Il a laissé quatre énormes volumes in-fol., écrits en entier de sa main, contenant des mémoires intéressants de ce qui s'est passé de son temps en Provence, principalement à Marseille, et qui sont entremêlés de quelques pièces curieuses, parmi lesquelles se trouve la lettre de Malherbe que je rapporte. C'est lui qui rédigea *le règlement du sort* destiné à prévenir les brigues dans les élections municipales de Marseille, et imprimé en ladite ville, chez Garcin, 1654, in-4°.

LETTRE INÉDITE DE MALHERBE

SUR LA MORT DE SON FILS.

—

« **M.**, Quand vous ne m'eussiéz pas escrit
« vostre sentiment sur la mort de mon pauvrie
« fils, je n'eusse pas laissé de le croire tel que
« vostre lettre me l'a tesmoigné. Ceux qui ont
« le goust que vous avéz se fairoient tort de
« n'aymer pas ce qui est aymable, et je puis
« dire qu'il l'estait a aussy haut point que nul
« autre de son âge et de sa qualité. Le tesmoi-
« gnage qu'en a donné **M.** de Guize au roy, aux
« reynes et à toute la Cour devant sa mort et
« depuis en ma présance et en mon absance, me
« fait croire que j'en puis parler de ceste façon.
« L'amitié de vostre maison est la plus ancienne
« et la plus particulière que j'aye contractée en
« **Provence. M.** vostre père l'a entretenue avec
« tant de bons offices que je n'en doy pas moins
« attendre de vous. Je sçay bien que les exem-
« ples n'imposent point de nécessité ; mais vray-
« semblablement ils donnent quelque disposition.
« Ce que vous faites pour moy vous le faites
« pour un amy inutile ; mais aymer gratuitement
« c'est aymer généreusement. Je suis icy avec
« beaucoup d'autres attendant que le conseil des
« parties soit estably en quelque lieu pour y
« continuer la poursuite contre nos assassins
« et les mettre le plus avant que je pourray dans
« le chemin de grève. On m'a dit que *Couvet*

« est allé à **Rome**. **Si** c'est pour de pardons il
« s'abuse. **Ceux** dont il a besoin ne se prennent
« pas en ce lieu-là. **Qu'il** aille où il voudra; j'espère
« luy faire voir qu'il y a d'autres gens que les
« roys qui ont les mains longues. **Les Espagnols**
« ont ce proverbe que celuy qui menasse ne
« frape jamais bien. **Je** n'y sçauray que faire.
« **Ma** cholère est trop juste pour ne luy laisser
« pas ses coudées franches. **Sy** le corbeau qui
« nous a donné cest euf vient par decà comme
« quelques uns le disent, nous le verrons. **Pour**
« moy je n'y voy rien qui l'y puisse amener que
« la vanité de faire voir à la **Cour** et au conseil
« que la **Provence** à son *Timon* aussi bien que la
« **Grèce**. **Sy** c'est la son dessain je n'y ay rien
« à dire. **Encore** luy advoueray-je que le **Pro-**
« vençal a de quoy l'encherir par dessus le **Grec**.
« **Tout** ce que je demande c'est que l'on nous
« baille un **Parlement**. **Les** assassins disent
« qu'ils ne veulent point de **Grenoble**. **De** ce
« costé là nous sommes d'accord. **Je** me doute
« qu'ils voudroient **Paris**, mais je ne le veux
« pas. **Le Judaïsme** s'est estandu jusques sur
« la **Seine**. **Il** serait à sohéter qu'il fut demuré
« sur le **Jordain** et que ceste canaille ne fut
« point meslée comme elle est parmy les gens
« de bien. **Il** n'y a remède. **Ma** cause est bonne,
« je combattray partout et vaincray partout
« avec l'ayde de **Dieu**, fut-ce dans **Jérusalem**
« et devant les douze lignées d'**Israël**. **Vous** en
« verréz l'yssue, **M.**, et quelque jour vous en
« réjouyréz avec vostre, etc.

EXPLICATION

1. *Fac-simile* de la signature de Malherbe, telle qu'on la voit à la minute de son contrat de mariage avec Magdelaine de Carriollis, reçu le premier octobre 1581, par Abel Hugoleni, notaire à Aix, (actuellement chez Me Pison.)

2. Autre......, à un acte de quittance, reçu le 6 octobre 1603, par Louis Gazel, notaire à Aix, (maintenant chez Mc Pissin.)

3. Autre......, au frontispice d'un exemplaire des *Traictéz des droits et libertez de l'église gallicane* (Paris, 1609, in-4°), acheté par Malherbe en 1619, (à présent dans le cabinet M. le marquis de Sinety, à Aix.)

4. Autre......, Au revers du frontispice d'un exemplaire des *œuvres de maistre Alain Chartier, clerc, notaire et secrétaire des rois Charles VI et VII*, etc., *publiées par André Duchesne*, (Paris, 1617, in-4°), acheté par Malherbe en 162...... (aujourd'hui au pouvoir de M. Rouard, bibliothécaire de la ville, à Aix.)

1

2

3

4

Mr. Reinaud Scit à Aix 1840.

CORRECTIONS.

Page 15, ligne 6, Narie; *lisez* Marie.

Page 25, note 3, ligne 1, 368; *lisez* 6.

Page 25, note 3, ligne 2, 378; *lisez* 16.

Page 39, note 1, ligne 13, précédé; *lisez* prédécédé.

Page 44, note 2, ligne 1, 44; *lisez* 30.

Page 57, ligne 15, serait-en; *lisez* serait-ce en.

Page 62, ligne 4, pauvrie; *lisez* pauvre.

APPENDICE à mes RECHERCHES BIOGRAPHIQUES SUR
MALHERBE ET SUR SA-FAMILLE (Aix, Imprimerie de Nicot et
Aubin, 1840, Brochure in-8° de 64 pages avec *fac simile ;*
et dans le Tome IV des *Mémoires de l'Académie des sciences,*
agriculture, arts et belles-lettres d'Aix).

J'ai dit à la page 20, note 1 de cet opuscule (page 382 du Tome
IV précité), que MALHERBE avait eu un premier fils, né à Aix en 1585, et
baptisé le 1er août à la paroisse Ste-Magdeleine de cette ville ; que le grand-
prieur de France HENRI D'ANGOULÈME, fils naturel d'Henri II, gouverneur
de Provence, fut le parrain de cet enfant ; et que cet HENRI DE MALHERBE
mourut en bas âge. Voici son épitaphe en forme de prosopopée, composée
par son père même et qui fut placée sur sa tombe, dans une église de Caen
où il n'est peut-être pas impossible qu'elle subsiste encore aujourd'hui. Je
la trouve sous le n° 331, dans un manuscrit de la bibliothèque du château
de TOURNEFORT (commune de Rognes) lequel est en grande partie de
l'écriture d'HONORÉ d'AGUT, conseiller au parlement d'Aix, mort en 1643,
à l'âge de 78 ans. Ce magistrat, contemporain de Malherbe, tenait probablement de celui-ci cette pièce qui fait partie du manuscrit dont je parle. C'est
un recueil de plus de quatorze cents épitaphes anciennes et modernes, lati-
nes ou françaises, en vers comme en prose, que d'Agut avait colligées çà et
là, soit dans des livres imprimés ou manuscrits, soit sur les tombes mêmes
de ceux pour qui elles étaient faites. Je pense qu'on lira celle-ci avec plaisir,
comme étant une des plus anciennes productions de Malherbe.

ROUX-ALPHERAN.

D. M.

Passant! je suis mort, tu es mortel. Je suis à ma fin, tu t'en vas à la tienne et desja tu n'as leu mot de ceste escriture que tu ne t'en sois approché d'un pas. Ce que je t'en dis n'est pas pour te renvoyer triste en ta maison : car à quel propos voudrois-tu vivre avec autre condition que tout ce qui jamais a vescu par le passé, qui vit à ceste heure et qui vivra jamais à l'advenir ? Et puis seroit-il possible que devant moy tu n'eusses jamais veu d'autres exemples de mortalité ? Torne tes yeux desça ; torne les de delà ; tu ne verras céans autre chose. Chascune de ses pierres couvre un corps et les vuides sont autant de niches qui ne font qu'attendre les statues qui les doivent remplir au premier jour. Ce que je veux de toi, tu le demanderas aux autres, quant tu seras en l'estat où je suis : c'est que tu me donnes autant de temps qu'il en faut pour lire en ce tableau ce que je te veux dire de ma vie. Elle feust courte : l'histoire n'en sera guerres longue. Je nasquis en la ville d'Aix en Provence, le dimanche XXI de juillet, en l'année MDXXCV (1), entre cinq à six heures du soyr. Monseigneur HENRY D'ANGOULESME, frère naturel du Roy, gouverneur et lieutenant général pour sa majesté dans ce païs, adsisté de madame *Marthe Faure de Vercors* (2) femme de monsieur *Loys de Carriolis*, présidant au parlement, mon grand-père maternel, me fist cest honneur de me tenir sur les fonts et de me donner son nom. Mon surnom feust MALERBE (3)

---

(1) C'est-à-dire onze jours avant celui du baptême.

(2) Quatrième femme du président de Coriolis, dit *Jambe de bois*, qui n'en eut point d'enfants. (Page 46, note 1 des *Rech. Biogr.* et page 408 du tome IV des *Mém. de l'acad. d'Aix.*)

(3) *Sic*, sans H. Il me paraît que d'Agut a fait ici une omission d'un ou de plusieurs mots, dans sa copie, ainsi que me semble l'indiquer le reste de la phrase.

du lieu de St-Agnan , desquels l'antienne extraction ne veut autre tesmoignage que les hermines mouchettées qu'ils portent sans nombre en leurs armes. Ma mère à l'age d'onze mois me fist apporter en ce païs et me conduisit elle-mesme (1), non sans beaucoup de sollicitudes et d'incommodités. Enfin, comme si la nature ne m'eust donné les pieds que pour m'en aller au sépulcre, et la bouche pour dire à mes parens l'adieu pitoyable d'une si longue séparation, à grand peine avois-je commencé de m'en servir que l'usaige m'en feust osté par une mort précipitée, et mes yeux qui n'avoyent veu la lumière que deux ans trois moys et sept jours, le mercredy XXIIX d'octobre MDXXCVII, environ dix heures du soyr, demeurèrent envelopés d'une obscurité qui seroit éternelle sans l'espérance du jour du jugement. Dieu sçait de quelle affection et diligence les moyens de ma guérison feurent recherchés! Combien de remèdes feurent essayés en terre et combien de vœux adressés au ciel! Mais enfin *toutes* demeurant inutiles, il fallut obéyr à la nécessité en cest accident si funeste et si déplorable. FRANÇOIS mon père et MAGDALAINE ma mère se procurant une triste consolation par le moyen d'un objet qui leur représente la souvenance perpétuelle de ce qu'ils ont aymé si chèrement, et faisant le dernier office à celuy duquel, si la mort eust considéré les ages, ils le devoyent recevoir, m'ont avec des larmes qui ne seicheront jamais, posé ce lamentable monument. Passant, ne cherche rien de certain en l'incertitude du monde! Dis les belles parolles à mon ombre; asperges mes cendres et t'en va.

F. M. P. P.

---

(1) Voyez l'*Instruction de Malherbe à son fils* (Marc-Antoine), où il est dit que Malherbe retourna à Caen, après dix ans d'absence, au mois d'avril 1586, et que sa femme l'y suivit au mois de juillet suivant. (Page 16 des *Rech. biogr.*, et page 378 du tome IV des *Mém de l'acad. XLII.*)

Aix.—Imp. de NICOT et AUBIN, 21, Pont-Moreau.—1841